AF454657

LE CHANT DU DÉPART

OU

LA GUERRE AVEC LA PRUSSE;

PARIS,

IMPRIMERIE BIBLIOGRAPHIQUE.

10 OCTOBRE 1806.

LE CHANT DU DÉPART

OU

LA GUERRE AVEC LA PRUSSE.

UN BARDE.

Lᴀ voix de Nᴀᴘᴏʟᴇᴏɴ vient de se faire entendre. Partez, généreux Enfans des Gaules, le Héros vous appelle aux combats.

UN GUERRIER.

Que dis-tu, ô Barde? J'ai vu préparer les fêtes que Nᴀᴘᴏʟᴇᴏɴ a promises à nos Guerriers; déjà, il a rassemblé autour de son Palais ces superbes Chefs et ces Légions menaçantes, dignes compagnons de ses travaux. Tout est disposé pour les fêtes; l'Étranger doit en partager l'alégresse; il contemplera d'un œil tranquille ces redoutables Phalanges qui ont triomphé par toute la terre; moi-même, d'après les ordres du Héros, j'ai porté mes pas rapides jusqu'aux lieux les plus éloignés de l'Empire; j'ai hâté la marche de ces bataillons qui manquoient à la grande famille des Braves.

LE BARDE.

J'ai vu nos Guerriers agiter leurs lances; ils ont fait retentir, le long des collines, ce frémissement précurseur des combats. Les Chefs des troupes, ces Héros qui brillent dans les batailles comme des éclairs au milieu d'un orage dont la violence a bouleversé les ondes, abandonnent leurs demeures, et brûlent de cueillir de nouveaux lauriers. NAPOLÉON a pris dans ses mains sa lance, et cette lance terrible, tu sais si jamais il la lève en vain. Sur son front majestueux est empreint le noble courroux qui l'anime; il va combattre. Cependant, son cœur généreux voudroit encore pardonner. Le Héros contient l'ardeur bouillante de ses Guerriers; le trait fatal reste suspendu dans ses mains. Malheur au Prince imprudent qui ne craint pas de braver sa fureur. Ainsi, dans les temps passés, calme en sa colère, l'illustre Fingal ne s'armoit que pour punir un injuste agresseur, ou pour défendre l'innocence opprimée. Partez, généreux Enfans des Gaules, la voix de NAPOLÉON vient de se faire entendre.

LE GUERRIER.

Quels sont nos ennemis ? Le Russe farouche, l'altier Autrichien veulent-ils réparer la honte de leurs défaites ? Depuis quand, le cerf blessé, et traînant encore après lui la flèche acérée, court-il affronter le dard du chasseur ? Les Enfans du Nord traverseront-ils, pour nous combattre, ces plaines sanglantes qui virent leur puissance et leur orgueil se briser comme les flots de la mer, contre les lances de nos Guerriers ; pourront-ils revoir, sans en être épouvantés, ces lacs profonds qui se sont ouverts sous leurs troupes fugitives et les ont dévorées toutes vivantes ? Les Chefs de l'Autriche, fatigués de leurs vains efforts, n'osent plus résister à l'Homme envoyé par le Destin. Penses-tu que le Roi de la Gothie inspire aux Enfans des Gaules quelque terreur ? Les deux peuples les plus puissans de la terre se sont dispersés devant nos phalanges, tels que les Vautours qui se retirent à l'aspect du Roi des airs ; le cours d'une seule lune a vu commencer et finir cette lutte redoutable ? Eh ! que peuvent contre nous les menaces du foible héritier de Gustave ? Non, tu t'abuses, ô, Barde ! nous ne connoissons d'ennemis que ces odieux insulaires qui ne peuvent pardonner à la France d'être heureuse et libre.

LE BARDE.

J'excuse, ô Guerrier, ton erreur ! entraîné loin d'ici, tu n'as pu savoir quels événemens se sont succédés depuis ton départ. Les Fils de la Sprée ont levé la lance contre nous.

LE GUERRIER.

Les Fils de la Sprée !..... nos amis !....

LE BARDE.

Que tu connois mal ce peuple sans foi !.. Ton cœur, noble et plein de candeur, n'a pu soupçon-

ner d'imposture les Vainqueurs de Friedberg.
Amis dangéreux, ennemis perfides, les Fils de la
Sprée, livrés maintenant à une politique tor-
tueuse, ne suivent qu'un vil intérêt pour guide.
Tout entiers au soin d'amasser de l'or, la noble
franchise d'un soldat leur est devenue étrangère;
au lieu de combattre, ils ont recours aux obscures
voies de la ruse. Les Neveux du Grand Frédéric se
sont montrés chaque jour indignes de son héri-
tage. Toi seul ignores à quel prix ils nous ont
vendu leur fausse amitié. Hélas! combien leur
longue avarice s'est-elle enrichie de nos malheurs!
Sans doute, NAPOLÉON a refusé le lâche tribut
que payoient jadis à ces avides étrangers, des chefs
impuissans. Le bras qui manie le fer ne peut pe-
ser l'or. Leur cupidité a trouvé un autre aliment,
les présens des Fils d'Albion sont venus grossir
leurs trésors. Les amis des Enfans des Gaules
ont rompu les antiques nœuds qui les attachoient
au Grand Peuple. Afin de tromper la vigilance
de son Chef auguste, ils sont descendus à des dé-
marches honteuses; ils ont simulé des projets de
haine contre les Dalécarliens, mais ont-ils pu se
flatter d'endormir long-temps la prudence du
Héros? Ou plutôt, NAPOLÉON a vu leurs projets,
et il a dédaigné de les craindre. Ainsi, le Lion
méprise les vains hurlemens de la Panthère; il
s'avance avec fierté dans la plaine, et ne punit

qu'à regret l'audace de son insolent ennemi; mais enfin ils sont tombés dans les piéges qu'ils ont eux-mêmes tendus. Le Héros, fatigué de leurs détours, marche contre eux ; qu'ils tremblent !... Napoléon va combattre, il va triompher.

LE GUERRIER.

Quel esprit d'erreur et d'aveuglement préside aux conseils de nos ennemis !...Pourquoi le Chef des Fils de la Sprée veut-il combattre aujourd'hui le Peuple vainqueur de tous les Peuples? Je l'avoue, accoutumé dès l'enfance à lancer le dard, j'aime les combats. Le son du cor qui retentit le long des collines, le chant du Barde qui raconte les exploits des temps passés, plaisent à mon oreille; mais le bruit des boucliers, cette noble poussière dont on se couvre dans les batailles, les cris des Guerriers vainqueurs plaisent davantage à mes sens émus. Napoléon nous appelle, ô mes Compagnons, marchons aux combats; qu'il retrouve en vous ceux qui ont vaincu dans les plaines de la Champagne, à Fleurus, au pont d'Arcole, sur les bords du Nil et dans les champs de la Moravie; bientôt, versant des larmes amères, les Fils de la Sprée maudiront leur fatal égarement; ces coursiers fougueux, à l'aide desquels ils croient accabler nos phalanges, ne leur serviront qu'à précipiter leur fuite. Bientôt, triste et solitaire, la Beauté superbe qui les asservit à ses caprices , verra sur les tours de ses palais flotter nos drapeaux victo-rieux. Oui , bientôt rien ne pourra retarder les fêtes promises. Nous viendrons sur la plaine ver-doyante chasser le chevreuil timide ; nous boi-rons le vin dans les coupes de NAPOLÉON. Mille chênes embrâsés prolongeront pendant la nuit les plaisirs du jour. Les Bardes diront ces batailles où l'audace a su triompher du nombre ; ils diront la main puissante qui brise les sceptres et fonde des Etats nouveaux ; ils diront aussi la gloire des Bra-ves que NAPOLÉON s'est choisis pour les Compa-gnons de ses travaux. Leurs chants immortels comme le Héros qu'ils célèbrent , transmettront d'âge en âge le nom des Guerriers qui ont mérité de vaincre avec lui. Encore un combat , ô mes Amis ! et nous reviendrons dans ces lieux jouir des fêtes promises.

UN AUTRE GUERRIER.

Oui , puissent les perfides Chefs des Fils de la Sprée recevoir le prix de leur coupable politique ; puissent-ils , accablés sous des monceaux d'or , expier le sang que leur avarice aura fait couler ! Puissent les Sarmates , dont leurs pères ont pré-paré la ruine, sortir enfin de leurs longues misères ; puissent-ils , délivrés de leurs superbes Tyrans , être rappellés en Europe à la place que méritent leur audace et leur fidèlité !

LE BARDE.

Oui, les Sarmates vont reprendre leur ancien éclat ; leur courage indompté servira de barrière au monde contre la fureur des Enfans du Nord, j'en ai pour garans les Ombres mêmes de nos Ayeux.

Cette nuit, après avoir erré dans cette immense bruyère, l'esprit rempli des Héros des temps passés, j'ai abandonné mes yeux au sommeil. D'abord, j'ai vu des Guerriers presser des Guerriers ; un nuage de poussière enveloppoit tous les Bataillons. J'ai entendu la voix de Napoléon ; il levoit sa lance ; l'Ennemi fuyoit épouvanté. Ensuite, j'ai cru être sur les bords de la Vistule ; là, sur les rives du Fleuve, j'ai vu entasser les cadavres des malheureux Sarmates ; des flots de sang couloient au milieu des flots du Fleuve. Mon œil effrayé n'osoit les suivre dans leur cours rapide. Des Ombres gémissantes accompagnoient lentement les noires vapeurs qui s'élevoient au sein des airs. Fingal, assis sur son nuage, n'osoit contempler ce spectacle d'horreur. Les Bardes penchés en silence, sembloient consternés ... Tout-à-coup un Barde étranger est sorti du milieu des flots ; il tenoit dans ses mains sa harpe ensanglantée. Cessez de gémir, disoit-il, Cessez de gémir, Ombres plaintives : un Héros, conduit par le Ciel, un autre

Fingal doit un jour venger vos injures. Déjà, devant la terreur de son nom, s'écroulent les remparts les plus formidables ; Ulm ouvre ses portes. Ses nombreux Défenseurs, pâles et tremblans, viennent implorer la clémence du Vainqueur ; déjà les Chefs superbes de l'Autriche ont abandonné à la hâte cette Vienne que vous avez jadis défendue. . . . .

Ensevelis par milliers au sein des ondes, les Russes expient le sang des Sarmates versé par torrents, ou ils fuient semblables à ces animaux lâches et cruels qui, près de se jeter sur leur proie, ~~............................~~ ~~......~~ Ils fuient sur ces bords témoins de leur barbarie. Où sont-ils ces fiers Enfans des combats, dont la présence devoit porter la terreur dans les bataillons des Enfans des Gaules ? Sans armes, le front baissé, ils se cachent dans les antres destinés à leur servir de repaires. Leur Chef insolent retourne à grands pas vers ses bords glacés, et sa prompte fuite le dérobe aux dards de ces Guerriers qu'il avoit dévoués au trépas. Venez jouir, malheureux Sarmates, de la honte de vos oppresseurs. Ils ne s'énorgueillissent plus de ces faciles succès qu'apprêtoit à leur ambition, l'avarice des Visirs, ou le courage indocile des Fils d'Osman. Séparés par un nuage, les Fils de la Sprée, ne savent où sont leurs ennemis, et leurs phalanges incertaines s'ébranlent au gré du hasard. Déjà, dans leur aveugle audace, ils ont provoqué le Héros. Insensés ! ils ont appellé sur eux la foudre qui fume encore dans ses mains ! Quels sont ces deux Aigles sanglans et renversés aux pieds d'un Aigle puissant accouru des bords de la Seine. Pourquoi ce Chef orgueilleux lève-t-il le premier la lance ? Il tombe, et la pâleur de la mort couvre son visage. Qu'on rapporte à ses Guerriers ses froides dépouilles, et que leurs Bardes répétent sur les harpes gémissantes : *Malheur à nous ! ils ne sont pas foibles les Enfans des Gaules. Malheur à nous !....* Tu pleures, femme altière, tu pleures sur ta folle imprudence. Rejette ce casque pesant qui couvre tes beaux cheveux. Ton bras peut-il arrêter Napoléon dans sa course ? Retourne s'il en est temps, retourne dans ton Palais, prépare des fêtes pour le Vainqueur. Va, cours par ta prompte soumisson fléchir sa colère.... Déjà tes Bardes se taisent ; ils ne font plus retentir les murs de Berlin de leurs farouches accens....O plaine de Weymar, combien d'ossemens blanchis vont couvrir tes sillons ! Que sont devenus les innombrables phalanges des Fils de la Sprée ?.... Ces héros naguère terribles, ils s'enfuient dispersés comme des troupeaux qu'épouvantent les rugissemens du Roi des déserts. Hélas! ils cherchent envain un asile où ils puissent porter leurs fronts vaincus.... O champs d'Austerlitz, vos profonds abîmes se sont-ils ouverts!.... Où conduisez-vous ces captifs consternés? Sans doute, ils vont sur les bords du Rhin contempler par-tout les arcs de triomphe élevés aux vainqueurs. Le Grand Frédéric troublé s'arrête au milieu des airs. Ses vieux compagnons étendus dans la poussière frappent ses regards. Il détourne les yeux et soupire. Il a vu sa puissance ébranlée en ses fondemens, et les trésors de sa maison devenus, par un juste retour, la proie du courage. Cessez de gémir, ombres plaintives, vous serez vengées. A ces mots, le Barde a disparu; le soleil naissant a frappé mes paupières, et je me suis réveillé l'ame pleine de ces idées.

LE CHEF DES GUERRIERS.

O Barde! ce sont tes ayeux qui t'ont dévoilé l'avenir. L'ami des Braves se plaît à rendre justice aux Fils belliqueux des Sarmates. Ils partagent nos dangers, et le Héros ne les distingue pas des Enfans des Gaules. Sans-doute quand les temps marqués par le destin seront arrivés, l'antique Empire des Sarmates renaîtra de ses cendres. Le moment n'est pas loin, peut-être, où les Bardes chanteront la Vistule délivrée

de ses Maîtres odieux. Mais craignons de porter un œil curieux sur les secrets du Héros. Il
sait lui seul, ce qui convient au bonheur du
monde. Embrassant le possible dans ses vastes
conceptions, il veut, et le destin étonné a suivi
ses lois. Encore un combat, ô mes Compagnons,
et nous reviendrons dans ces lieux jouir des fêtes
promises.

110